Gudrun Mangold

‘s Christkendle uff dr Alb

Gudrun Mangold

's Christkendle uff dr Alb

Eine kleine Weihnachtsgeschichte
Mit Originalrezepten

Edition Gudrun Mangold

Gudrun Mangold ist Journalistin, Autorin und Filmemacherin.
Den Überlebenskampf der Älbler thematisiert sie auch in ihrem Buch „Hunger ist der beste Koch – Karge Zeiten auf der Rauen Alb – Rezepte und Geschichten" und in ihrem Dokumentarfilm „Laichinger Leinenweber"(SWR).

08 09 10 11 12 24 23 22 21 20

Abbildungen:
Umschlagfoto vorne: Alwin Tölle, Umschlagfoto hinten: Höhlen- und Heimatverein Laichingen
Food-Fotos: Gudrun Mangold
Weitere Fotos: Hans Böhringer, Machtolsheim – Foto-Günter, Triberg – Walter Gölz, Kirchheim/Teck – Frida Götzl, Machtolsheim – Werner Mangold, Laichingen – Marie Müller, Machtolsheim – Bärbel Schneider, Machtolsheim – Höhlen- und Heimatverein Laichingen
Satz und Gestaltung: Christa Bleher und Beate Krause
Druck: Ottodruck, Oberndorf am Neckar
Printed in Germany

ISBN 3-00-020252-8

Wie hat man früher auf der Rauhen Alb Weihnachten gefeiert? Wie war es, als die Leute kaum etwas hatten, das sie unter den Christbaum legen konnten? Womit hat man den Bredlesteller gefüllt, wenn schon Zutaten wie Eier, zumal im Winter, Mangelware waren?

Bereits im August hat man am Wegrand die Birnen für seine Hutzla gesammelt. Wenn die Abende länger wurden, haben die Frauen gesponnen, gestrickt und genäht, um ihre Lieben zu beschenken.

Bei der Bredlesbachete mußte man oft mit nur wenigen und selbst gesammelten Zutaten auskommen. Mit Rübensirup und Kunsthonig süßte man, Bucheckern gaben einen nussigen Geschmack, die Spitzbuben füllte man mit selbst gemachtem Hägamark.

All das tat dem Geschmack keinen Abbruch - im Gegenteil, es war der reine Hochgenuß.

Bredlesteller *Teller mit Weihnachtsplätzchen*
Hutzla *gedörrte Birnen*
Bredlesbachete *Weihnachtsbäckerei*
Hägamark *Hagebutten-Marmelade*

Inhalt

's Christkendle uff dr Alb

Weihnachten heißt auf der Rauhen Alb: 's Christkendle.

Die Vorbereitungen dazu begannen früher bereits im August. Ja, im August. Om d' Ährat rom, also ungefähr, wenn das Getreide geerntet wird. Zu dieser Zeit reifen auch d'Reamala, kleine, süße Birnen, deren korrekte botanische Bezeichnung im Dunkeln liegt. Jedenfalls, so heißt es, gibt es aus de Reamala die allerbesten Hutzla und somit auch das beste Hutzlabrot.

Hutzlabrot - Nüss' vielleicht, Dörrzwetschga, Hutzla, Honig! - süß, saftig, weich! - all' das, was man auf der kargen Alb das Jahr über so oft entbehrte - welch Inbegriff von Wohlgeschmack! Sich an Weihnachten einfach ein Hutzlabrot zu kaufen, war undenkbar.
Man vergaß deshalb nicht, eben im August bei der Ernte alle paar Tage geschwind an den Wegrand oder auf die Obstwiese zu laufen, um nachzuschauen, ob die Reamala schon reif waren.

Om d' Ährat rom
ungefähr zur Erntezeit
d'Reamala
kleine Birnen
Hutzla *gedörrte Birnen*
Hutzlabrot *Früchtebrot*
Dörrzwetschga
gedörrte Zwetschgen

Om d´Ährat rom reifat au d´Reamala

War dies der Fall, nahm man sie natürlich mit nach Hause. Man legte sie auf den Rost im Ofenrohr, direkt neben dem Feuer, auf dem täglich das Essen bereitet wurde. Nach ein paar Tagen waren aus de Reamala dann runzlige und eigentlich recht unansehnliche Hutzla geworden.
Die kamen in ein Leinensäckchen und wurden auf der Bühne an einem luftigen Platz bis kurz vor Weihnachten aufbewahrt.

Ebenso verfuhr man dann ein paar Wochen später mit den Zwetschgen. Die wachsen allerdings - wie so vieles - nicht reichlich auf der kalten und zugigen Albhochfläche. Man war deshalb froh, wenn man aus dem wärmeren Unterland, wo vielleicht eine Bäs verheiratet war, ein paar Körbe bekommen konnte. Die meisten Zwetschgen hat man eingedünstet, fürs Zwetschgablatz, einen einfachen, aber köstlichen Hefekuchen, und fürs Kompott. Aber einen kleinen Teil hat man auch von den Zwetschgen gedörrt, fürs Hutzlabrot zom Christkendle.

Reamala *kleine Birnen*
Bühne *Dachboden*
Bäs *Cousine*
Zwetschgablatz *Hefekuchen mit Zwetschgen*
zom Christkendle *zu Weihnachten*

Mit den Kühen hat man das abgeerntete Feld umgepflügt

Wenn die Ernte eingebracht war, auch die Kartoffeln gelesen, die Futterrüben im Keller und die Abende länger wurden, fingen die Frauen an, alte Pullover aufzuziehen - solche, in die vielleicht ein Loch gerissen war oder die, aus denen die Kinder herausgewachsen waren.

Die aufgezogene, sehr krause Wolle kam über ein Vaschbrbriddle. Da hat man sie ganz fest drüber gespannt, dann naß gemacht und trocknen lassen.

Die Wolle von so einem alten Zweeder, wie man auf der Alb zu den Pullovern sagt, ist oft abgebrochen oder bestand nur noch aus kurzen Stükken, besonders wenn der Zweeder etliche Lechr kheet hot.
Also mußte man kombinieren. Und was das für schöne Kinderpullis gab! Je kürzer die Wollfäden und je weniger man von einer Partie hatte, desto schmaler und bunter wurden die Streifen!

So saßen die Frauen zusammen, sie hießen vielleicht Kätterle und Marie, Belle und Christee. Neben der alten Wolle besorgten sie sich auch Schafschur. Die mußte erst gründlich gewaschen werden, bevor man sie zum Kardätschen gebracht hat. Mit dem zurückerhaltenen Vlies und dem Spinnrädle gingen die Frauen dann in eines der Nachbarhäuser.

Vaschbrbriddle *kleines Vesperbrett*
Zweeder *Pullover*
Lechr kheet hot *Löcher gehabt hat*
Kätterle *Katharina*
Belle *Barbara*
Christee *Christine*

In der Liachtstub schauten auch die jungen Männer gern vorbei. Ziamläadr-Spiel oder Wollbebbl-Heba imponierten wohl gleichermaßen …

Man saß nicht allein zu Hause - um Geld zu sparen, traf man sich mit den anderen in der sogenannten Liachtstub. Man strickte und spann allabendlich, sobald man auf dem Feld nichts mehr tun konnte. Diesen emsigen Runden statteten auch die Männer hie und da gern einen Besuch ab. Es wurde viel erzählt, gelacht und gesungen. Und man dachte an Weihnachten, und was man den einzelnen schenken konnte. Das mußte man sich früh überlegen, wenn man rechtzeitig fertig werden wollte.

Do hosch kenna et oin Daag vor Hoilegobed futsaua ond a Parfümfläschle kaufa!!!

Neben den lustig geringelten Pullis für Kinder oder warmen Socken für die Männer, war ein beliebtes Geschenk der Töchter an die Mütter, Holländer-Motive oder den Trompeter von Säckingen auf nützliche Dinge aufzusticken. Man hat die Figuren auf den Stoff aufgepaust und mit verschiedenfarbiger Kunstseide ausgenäht. Holländer und Trompeter kamen wahrscheinlich rein zufällig groß in Mode, weil irgendjemand halt genau diese Paus-Vorlagen einmal mitgebracht hatte und sie dann von Haus zu Haus weitergereicht wurden. So traf man diese Figuren fast in jedem Haus - entweder auf einem Sofakissen, auf dem Überhandtuch an der Küchentür, unter dem die anderen Handtücher verborgen waren, oder auf einem Behang der Eckbank.

Do hosch kenna et oin Daag vor Hoilegobed futsaua ond a Parfümfläschle kaufa!
Da konntest du nicht einen Tag vor Heiligabend fortrennen und ein Parfümfläschchen kaufen!
Liachtstub *Lichtstube*

Wenn's dann uffs Christkendle zuging, vielleicht vierzehn Tage vorher, und man s' Bacha hatte, wurden die Säckla mit de Zwetschga und Hutzla von der Bühne geholt. Zusammen mit den Brotlaiben wurde das Hutzlabrot im Bachhaus gebacken.

Und danach, wenn die Hitze nicht mehr so stark war, hat man auch noch weiteres Weihnachtsgebäck in den Ofen geschoben.

uffs Christkendle
auf Weihnachten zu
s'Bacha *das Backen*
Säckla *Säckchen*
Zwetschga
Zwetschgen
Hutzla
gedörrte Birnen
Bühne *Dachboden*
Bachhaus *Backhaus*
Hutzlabrot
Früchtebrot

In nur einer Nacht hat es diese Schneewehen gegeben, links die Haustür

Mit Kaufmanns Kunsthonig, das waren Würfel, die man warm machen und verlaufen lassen mußte, stellte man Lebkuchen her.
Am allerwichtigsten waren die Bredla - Weihnachts-Plätzchen oder -Gutsl sagt man anderswo. Auf der Alb spricht man von Bredla.

Arm ging es zu auf der Alb, wie man weiß. Viel Steine gab's und wenig Brot, dichtete Ludwig Uhland nicht umsonst. Und so schätzte man auf der Alb besonders Rezepte mit wenig Eiern - von wegen sechs bis acht Eiweiß, so etwas war völlig ausgeschlossen.

Aber zunächst einmal brauchte man die Bredles-Blecher - die waren geradezu riesig, ungefähr einen Meter lang, vielleicht achtzig Zentimeter breit und hatten an zwei Seiten einen Henkel.

Bredla
Weihnachtsplätzchen
Bredles-Blecher
Backbleche fürs Weihnachtsgebäck
d' Bredlesbachate
die Weihnachtsbäckerei

Man lieh sie sich in der Nachbarschaft gegenseitig aus - man mußte halt untereinander schauen, daß ma d' Bredlesbachate nicht auf den gleichen Tag legte.

Apropos Nachbarschaft - das war auf der Alb früher so etwas wie eine Sozial-Versicherung. Egal was kam - man war füreinander da.
Gegen Weihnachten hat man geschlachtet. Unumstößliche Sitte war, daß man in jedes Nachbarhaus einen Teller mit Metzgrsupp getragen hat - also mit Blutwurst, Leberwurst und Kesselfleisch. Meistens hat man die Kinder geschickt. Wenn sie Glück hatten, bekamen sie a Greizerle zugesteckt.

Der starke Zusammenhalt innerhalb der Nachbarschaft, der ganz besonders in Notsituationen zum Tragen kam, führte zu dem Sprichwort: Liabr en guada Nochbr als en weida Vroid, was so viel bedeutet wie, lieber einen guten Nachbarn als einen weit entfernten Verwandten. Die Familien in den nächsten Häusern, zu denen waren die Wege kurz, mit deren Hilfe konnte man immer rechnen.

Bredlesbachate
Weihnachtsbäckerei
Greizerle
kleines Geldstück

Der Schnee reichte doch nicht immer aus

Doch zurück zu Weihnachten - man holte sich also aus der Nachbarschaft die Bredles-Blecher.

Am gewöhnlichsten waren die Ausstachrla. Beliebte Motive waren ein Vogel, a Stearale, meistens hatte man auch noch eine Glocke. Damit die Ausstachrla glänzten, hat man sie mit Eigelb angestrichen und eventuell sogar noch mit farbigem Zucker oder kleinen Perlen bestreut.

Oder man stach mit einem kleinen Glas einfach runde Formen aus. Die Hälfte der so erhaltenen Rädla bestrich man mit Dreibles-Gsälz. In die andere Hälfte stach man mit einem Fingerhut ein kleines Loch in die Mitte. Diese Rädla gaben dann die Deckel, durch deren so entstandenes Guckloch das rot glänzende Gsälz herausleuchtete.

Bredles-Blecher *Backbleche fürs Weihnachtsgebäck*

Ausstachrla *Mit Förmchen ausgestochenes Weihnachtsgebäck*

Stearale *ein Sternchen*

Dreibles-Gsälz *Johannisbeer-Marmelade*

Rädla *Rädchen*

Gsälz *Marmelade*

Mit einem Vorsätzle vor dem Fleischwolf konnte man die Formen weiter variieren und Spritzgebackenes herstellen.

Mit Bredla aus angerösteten Haferflocken füllte man den Teller auch gerne auf. Oder man nahm Buachala, also Bucheckern, die man ausgehülst hat, dann angeröstet und durch den Wolf gedreht. Die nussige Masse kam mit in den Bredlesdoig.

Vanill-Bredla gehörten schon zu den feineren Sorten und Sprengrla zu den Prüfsteinen hausfraulicher Kunst. Oft mißlangen sie - daran wird sich auch bis heute nichts geändert haben, und das wird wohl auch nicht nur auf der Alb so sein - entweder griaget se koine Fiaßla oder ma beißt sich d'Zeeh aus!

Sprengrla *Springerle*
Bredlesdoig *Plätzchenteig*
Bredla *Weihnachtsplätzchen*
Buachala *Bucheckern*
entweder griaget se koine Fiaßla oder ma beißt sich d'Zeeh aus!
entweder bekommen sie keine Füßchen oder man beißt sich die Zähne aus!

Bei jemand, der sich so einen noblen Schlitten leisten konnte,
gab es sicher auch feinere Bredla

Nur der Bruder hat Skier bekommen

Postbus im Schnee ...

Jedenfalls waren es beim Bredlabacha noch etwa zwei Wochen bis zom Christkendle. Die frischen Bredla kamen an einen kühlen Ort, wo sie sich ein bißchen verschlagen konnten. Es mußte auch ein gutes Versteck sein. Kein Bredle sollte vor den Feiertagen angerührt werden. Welch' eine Anspannung!

Am 4. Advent gab es ein Krippenspiel für die Kinder. Im Kindergottesdienst erhielt jedes Kind ein Holztäfelchen geschenkt mit einem Spruch drauf.

Am letzta Bacha vor de Feideg, wurde dann auch noch ein Zuggrgraaz gebacken. Den gab es sonst auch nicht oft. Eigentlich nur zu maßgebliche Fester. Ein Zuggrgraaz muß frisch sein.

Bredlabacha *Weihnachtsbäckerei*
Bredla/Bredle *Weihnachtsplätzchen*
Am letzta Bacha vor de Feideg
Am letzten Backtag vor den Feiertagen
maßgebliche Fester *an hohen Feiertagen*
s'Bacha *das Backen*
Zuggrgraaz *Hefezopf*

Zusammen mit dem Schwarzbrot hat man auch das Hutzlabrot im Bachhaus gebacken

War man selbst mit seinem Bacha zu weit weg, dann schaute man, wer am Tag vor Heilig Abend noch s'Bacha hatte. Die Zöpf kommen nicht zum Brot, da würden sie wegen der zu großen Hitze überfahren. Man schiebt sie hinterher rein, da werden sie am schönsten. Gut und gern 80 cm konnten die Zöpf für Weihnachten sein.

Kurz vor Heilig Abend also. Man brauchte einen Christbaum. Die wenigsten hatten einen eigenen Wald, man erwarb sich deshalb seinen Baum üblicherweise bei dr Gmoid.
Geschmückt wurde der Baum an Heilig Abend selbst. Entweder vor oder nach dem Stall. Zweimal pro Tag geht man in den Viehstall. Zum Füttern, Melken und Misten. Frühmorgens, viele vor dem Kaffee, und abends vor dem Vesper.

Vor oder nach dem abendlichen Stallgang also, wurde an Heilig Abend der Baum geschmückt. Heimlich. Die Kinder sollten nichts davon mitbekommen und wenn doch, hat man sie ausgesperrt. Denn jetzt wurde auch die Puppenstube von der Bühne geholt und in der Stub auf der Eckbank aufgestellt, der Eßtisch wurde dazu ein bißchen weggerückt. Kleine, heile Welt.

Bacha *Backen*
Zöpf *Hefezöpfe*
bei dr Gmoid
bei der Gemeinde
Bühne *Dachboden*
Stub *Wohnzimmer*

Voller Erwartung kamen alle zusammen. Es gab Kaffee und Graaz, und das A und O war das gemeinsame Singen. „Stille Nacht" und „Oh du fröhliche".

Und endlich, endlich, die Kinder konnten es doch kaum mehr verwarten, kam die Bescherung. Strahlende Augen in dankbaren Gesichtern nahmen die bunten Ringelpullis entgegen, die warmen Socken, das neue Überhandtuch.

Auf dem Tisch stand ein Teller mit ein paar Äpfeln, etwas ganz Besonderes. Und daneben der Bredlesdällr.

Höhepunkt der Geschenke für die Mädchen war eine Puppe. Die lag in einer Schachtel, in der sie mit Gommila an den Füßen und am Hals befestigt war. Samt Schachtel wurde sie von den Mädchen stolz im Arm gewiegt.

Graaz *Kranz*
Bredlesdällr *Teller mit Weihnachtsplätzchen*
Gommila *Gummiringe*

Mit dem Pferdeschlitten kommt man auch im Schnee weiter

Der Fahrplan verschiebt sich ...

Der Puppenkopf war aus Pappe, der Leib aus Holzwolle. Das Kleid bloß mit Stecknadeln am Rücken der Puppe zusammengehalten. Diese Puppe war so empfindlich, daß sie in der Schachtel bleiben mußte und daß man sie nur am Christkendle umsorgen durfte - danach wurde sie wieder weggepackt. Puppen für das ganze Jahr? Das gab es nicht.

Die Mädchen konnten sich vielleicht auch noch über neue Vorhängle in ihrer Puppenstube freuen, und ganz haufeddeg war eine neue, kleine Steppdecke in dem Puppenstubenbettle.

Möglicherweise hatte man sogar noch einen kleinen Kaufladen mit bunten Schächdala, kleinen Kopien dessen, was sich die Mutter realiter selten oder gar nicht kaufen konnte.

haufeddeg *vornehm*
Schächdala
kleine Schachteln

Jetzt konnte man so tun als ob. Man erbat sich etwas Mehl, Erbsen und Linsen für dia Schiabrla - ond seine Gucka hot ma selber bäbbat.

Und die Buben?
Für sie stand vielleicht ein Holz-Zügle unter dem Baum, vielleicht sogar eins zum Aufziehen und mit Schienen. Die Lok mit den zwei Wägala flog leicht aus der Kurve, weil man die Geschwindigkeit nicht steuern konnte. Aber dafür konnte das Zügle per Knopfdruck sogar zum Rückwärtsfahren gebracht werden. Man bastelte sich selbst Häuschen dazu aus Spanholz, tat Papier rein und stellte einen Kerzenstumpen dahinter - eine brandgefährliche Angelegenheit. Aber die Familie war ja dabei.

dia Schiabrla *die kleinen Schubladen*
ond seine Gucka hot ma selber bäbbat
und seine Tüten hat man selbst geklebt
Wägala *kleine Wagen*

... mit Verspätungen muß gerechnet werden

Bis zum Erscheinungsfest blieb die Puppenstube auf der Eckbank, der kleine Bahnhof unter dem Baum - dann wurde das Spielzeug wieder weggepackt. Es sollte ja am nächsten Christkendle auch noch unversehrt sein und vielleicht auch noch für etliche kleinere Geschwister taugen. Aber bis dahin war es ja noch so weit - das Glück der Kinder schien unendlich.

Am ersten Feiertag gingen auch die Jahreschristen in die Kirche, die, die nur einmal im Jahr gingen, eben an Weihnachten. Das waren dann auf einmal so viele Leute, daß es zwei Kirchen hintereinander gab.
Zum Frühstück hatte es vorher schon Zuggrgraaz gegeben - das war sonst auch das ganze Jahr nicht der Fall. Und das Mittagessen war richtig üppig. Es gab Schlachtbraten, ein Lendle vielleicht - man hatte ja nicht lang vor Weihnachten s'Metzga khet.

Christkendle
Weihnachten
Zuggrgraaz
Hefezopf
s'Metzga khet
das Metzgen gehabt

Mit Skiern über die Alb …

Und dann kamen die Besuche von Verwandten und Nachbarn - und selbst hat man auch überall einen Gegenbesuch gemacht. Zom Bredla brobiera, hieß es. Ond da Mooschd, den „Champagner der Alb“.

Es hieß, man mache eine Mooschdrois - denn überall kostete man jetzt den frischen Most, der zu Weihnachten angestochen wurde und in jedem Haus wieder ganz anders schmeckte.

Bei den vielen Nachbarn und den zahlreichen Verwandten reichten zwei Feiertage nicht aus - auf der Alb gab und gibt es teilweise deshalb noch einen dritten Feiertag.

Die Buben und Mädchen liefen zu den Nachbarskindern und zeigten, was sie bekommen hatten. Und die Erwachsenen spielten gern bei oder mit den Besuchen - Mensch ärgere Dich nicht, Bullock, Halma, 11er raus, und Mühle und Dame.

Zom Bredla brobiera
um das Weihnachtsgebäck zu probieren
Ond da Mooschd *und den Most*
Mooschdrois *Mostreise*

Auch an den Feiertagen muß man die Pferde bewegen

Ab dem zweiten Feiertag mußten die Pferde wieder aus dem Stall kommen. Sie brauchen Bewegung, sonst besteht die Gefahr, daß sie einen Ruggaschlag bekommen und tot umfallen. Gearbeitet wird an den Feiertagen nicht. Also machte man Schlittenfahrten. Man holte den Mieschtschlieda raus, deckte ihn mit alten Teppichen ab, und dann hat man mit de Geil Schliedafahrda unternommen. Gern hat man sich eine warme Bettfläsch mit unter die Decke genommen, mit der man sich einhüllte.

Die Pferde trugen einen Schallareama, daß man sie schon von weitem gehört hat und es keine Unfälle gegeben hat. Bei dem vielen Schnee im Winter ist ja alles sehr leise, und bei den hohen Schneehaufen hat man nicht um die Ecke gesehen. Der Schallareama klingelte nicht nur einfach so, sondern war ein richtiges Glockenspiel - die Glöcklein waren bezeichnet mit Nummern, und ihr Spiel ergab einen Sinn.

Ruggaschlag *Rückenschlag*
Mieschtschlieda *Mistschlitten*
mit de Geil *mit den Pferden*
Schliedafahrda *Schlittenfahrten*
Bettfläsch *Wärmflasche*
Schallareama *Schellenriemen*

Der weiter weg wohnenden Verwandschaft schrieb man an Weihnachten eine Karte oder einen Brief

Sprungschanze

Neujahr kam - des hot ma et anderschd dau, als daß ma dr Nochbrschaft a guats Nuis Johr gweischt hot. Den Verwandten auswärts hat man eine Karte geschrieben. In der Nachbarschaft jedoch ging es am Morgen des Neujahrstags wieder von Haus zu Haus.
„A guads, gsonds, leichts Nuis Johr!", hat man sich gewünscht.

Es war bescheiden, sagen die, die's miterlebt haben, aber sie erzählen mit leuchtendem Gesicht und sagen, das alles habe einem damals so viel mehr bedeutet und das sei viel schöner gewesen.

„A guads, gsonds, leichts Nuis Johr!"

des hot ma et anderschd dau, als daß ma dr Nochbrschaft a guats Nuis Johr gweischt hot.
das hat man nicht anders getan, als daß man der Nachbarschaft ein gutes Neues Jahr gewünscht hat.
A guads, gsonds, leichts Nuis Johr!
Ein gutes, gesundes, leichtes Neues Jahr!

Bredla

Bredla nennt man auf der Alb das Weihnachtsgebäck, das andernorts Gutsl oder auch Plätzchen heißt. Ein gschdudierdr Sprachwissenschaftler würde einem selbstverständlich weismachen wollen, daß Bredla auf hochdeutsch nur als Brötchen übersetzt werden könne. So richtig das sein mag, so falsch ist es halt auch.
Gemeint sind schon winzig kleine Brote, das stimmt. Aber allein das -le in der Einzahl und -la in der Mehrzahl verweist auf etwas außerordentlich Plaisierliches. Mit Brötlein wäre man vielleicht noch näher an der Buchstabenfolge, aber das tönt fürchterlich, und laut Duden existiert dieses Wort gar nicht.

Bredla
Weihnachtsplätzchen
a gschudierdr
jemand, der studiert hat
Wecka
Brötchen, Semmeln

Jedenfalls sind die hochdeutschen Brötchen auf der Alb allenfalls Wecka. Wasserwecka wiederum sind zwar auch Wecka, haben aber mit den dagegen als fad erscheinenden Brötchen schon wieder gar nichts gemein. Und Bredla, das ist wieder etwas völlig anderes. Bredla gibt's eben nur an Weihnachten, und das sind Ausstachrla, Spitzbuaba, Sprengrla und so weiter.

Am 4. Advent gab es ein Krippenspiel für die Kinder

Im Badischen nennt man das kleine Weihnachtsgebäck Gutsl. Plätzchen ist der hochdeutsche Ausdruck. Das ist auch beides wieder so eine Sache und erinnert bald an die babylonische Sprachverwirrung. Guadala zum einen nämlich sind auf der Alb Bonbons, auch Bombola genannt. Und Plätzchen? Da wird's ganz verrückt. Ein Blatz ist ein riesengroßer, einfacher Hefekuchen, der wie das Brot im Backhaus gebacken wird. Es gibt ein paar Varianten, Dreiblesblatz, Epflblatz oder Zwetschgablatz. Was soll man sich also unter einem Plätzchen vorstellen?
Vielleicht muß man auch nicht immer alles übersetzen wollen. Jede Region hat doch ihre eigenen Traditionen, und so dürfte ein Teller voller Bredla von einem solchen voller Gutsl oder Plätzchen doch auch wieder deutlich zu unterscheiden sein.

Spitzbuaba *Spitzbuben*
Sprengrla *Springerle*
Guadala/Bombola *Bonbons*
Dreiblesblatz *Hefekuchen mit Johannisbeeren*
Epflblatz *Hefekuchen mit Äpfeln*
Zwetschgablatz *Hefekuchen mit Zwetschgen*

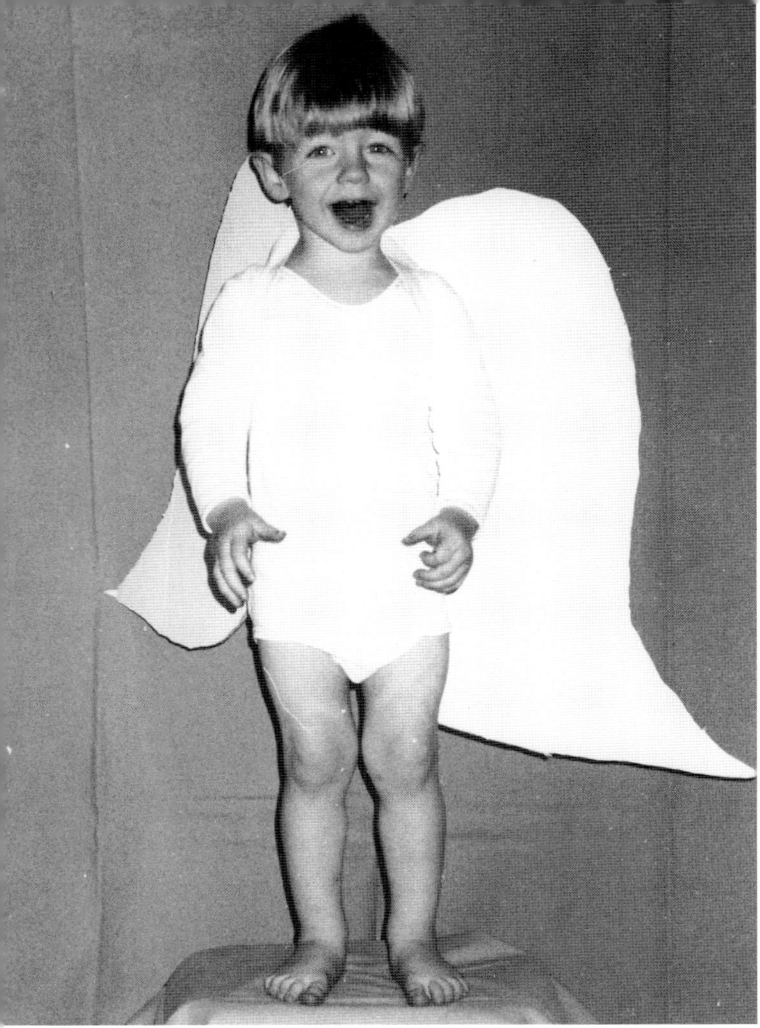

Engale flieg!

Wie auch immer. Hier geht's um echte Bredla, so wie man sie früher auf der Alb, da wo sie am rauhesten ist, gebacken hat. Doch womit hat man den Bredlesteller gefüllt, wenn schon Zutaten wie Eier im Winter Mangelware waren? In vielen Häusern fehlte auch das Geld, um sich zum Beispiel Mandeln oder Gewürze zu kaufen. Und vieles war einfach gar nicht zu bekommen, weil vielleicht der nächste Laden mit „Kolonialwaren" viel zu weit weg war.

Doch keine Sorge - auch ohne all das ist es möglich, eine Kollektion von würzig duftenden, sogar glitzernden und bunten Bredla zusammenzustellen. Und weil es eben kein Durcheinander war von x-verschiedenen und vielleicht chemischen Backzusätzen, konnten sich die einzelnen Aromen dieses relativ schlichten Gebäcks doch viel besser entfalten. Dem Geschmack tut es jedenfalls keinen Abbruch, wenn man sich auf nur wenige, dafür aber natürliche Zutaten beschränkt.

Ganz im Gegenteil - Bredla nach urtümlichen Rezepten waren und sind ein Hochgenuß!

Bredla
Weihnachtsplätzchen
Bredlesdällr
Teller mit Weihnachtsplätzchen

Gemacht wurden Bredla früher so und aus folgenden Zutaten:

Fett

Die Backbleche hat man auf der Alb üblicherweise mit Schweineschmalz und nicht mit dem viel teureren Butter eingefettet - den hat man allenfalls für den Bredlesdoig selber verwendet.

Ölfrüchte

Im Gegensatz zu Mandeln, die aus wärmeren Regionen kommen und infolgedessen nur zu kaufen sind, findet sich auf der Alb durchaus der eine oder andere wilde Haselnußstrauch, Nüsse konnte man im Herbst also sammeln. Aber auch die Samen der Rotbuche, Bucheckern oder im Dialekt Buachala genannt, enthalten viel Fett, und sind von süßem und auch leicht bitteren Aroma. Auch diese Ölfrüchte schmecken nussig und können wie Mandeln oder Nüsse zum Backen verwendet werden.

Der Butter *Butter ist im Dialekt maskulin*
Bredlesdoig *Plätzchenteig*

Nüsse, Äpfel, Eier, Dörrzwetschgen

Was darf´s denn sein?

Über neue Vorhänge in der Puppenstube hat man sich sehr gefreut

Falls man in der Lage war, Mandeln zu kaufen, so bekam man diese ungeschält. Sie von der braunen Schale abzulösen ist aber ganz leicht. Man legt die Mandeln kurz in kochendes Wasser, oder wenn man Zeit hat, einen Tag und eine Nacht in kaltes Wasser, so werden sie schöner weiß. Mandeln, Haselnüsse oder Bucheckern reiben heißt, sie durch eine spezielle Mühle oder auch durch den Fleischwolf treiben.

Eier

waren rar im Winter, die Hennen legten „schlecht" oder gar nicht mehr. Und ausgerechnet zum Backen benötigt man doch wenigstens das eine oder andere Ei. Geholfen hat man sich mit Kalkeiern, die rechtzeitig eingelegt wurden, wenn man grade so viel hatte, daß man welche abzweigen konnte.

Zibeben

sind Rosinen mit vielen Kernen, also eine preisgünstigere und deshalb bei knapper Kasse übliche Art getrockneter Trauben. Man reinigt die Zibeben, indem man sie einige Male mit warmem Wasser übergießt und Stiele oder schlechte Beeren sorgfältig ausliest.

Nelken

Vanillestangen

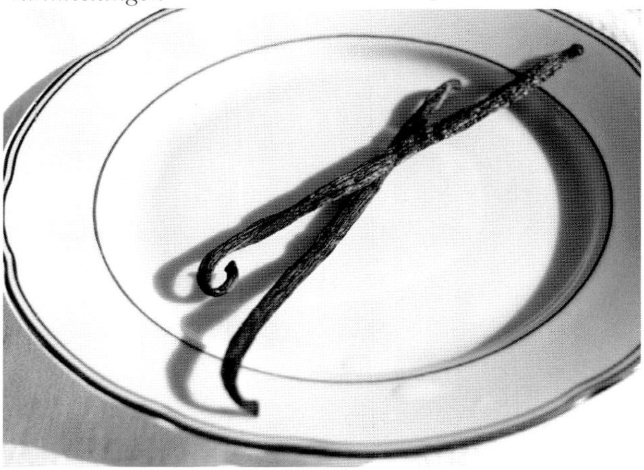

Kunsthonig

ersetzte früher den teuren, echten Bienenhonig. Man kaufte den Kunsthonig in Würfeln - er enthielt Traubenzucker, Blütenstaub und Ameisensäure. Später bezeichnete man als Kunsthonig auch eine Invertzucker-Creme, das heißt ein Gemisch aus Frucht- und Traubenzucker, Honigaroma, Karamel und Weinsäure.

Rübensirup

ist eingedickter, süßer Saft von gekochten Zucker- oder zur Not auch Futterrüben. Sirup kann man selbst herstellen und statt des zu kaufenden Zuckers zum Süßen verwenden.

Die wichtigsten Gewürze

Anis war ein sehr beliebtes Gewürz fürs Weihnachtsgebäck. In vielen alten Rezepten wird er genannt, man kann deshalb wohl davon ausgehen, daß dieses Gewürz noch relativ einfach und auch zu einem nicht astronomischen Preis zu bekommen war. Brotsamen, runder Fenchel oder süßer Kümmel wird Anis auch genannt. Gemahlen verliert er schnell seinen intensiven Geschmack. Wie früher sollte man ihn deshalb ungemahlen kaufen und erst kurz vor dem Gebrauch zerstoßen.

Vanille Vanill-Bredla galten schon als etwas feiner. Zum einen braucht man für sie mehrere Eier, zum anderen eben die teure Vanille. Man erhitzt die Schoten langsam und kocht sie dann aus. Das Mark kann aus der Schote herausgekratzt werden, hat aber weniger Aroma als die Schote selbst. Vanille-Zucker kann man sich einfach herstellen, indem man eine Vanilleschote ein paar Wochen in ein Gefäß mit Zucker gibt, gut verschließt und ab und zu kräftig durchschüttelt.

Zimt war offenbar auch nicht allzu schwer zu erstehen, jedenfalls zählen Zemat-Steara auch auf der Alb zwar schon zu de feinere Bredla, aber gehören traditionell, jedenfalls „in besseren Häusern" einfach dazu. Um das Aroma möglichst zu erhalten, sollte man wie früher die ganzen Stangen kaufen und erst direkt vor dem Gebrauch in einem Mörser zerkleinern.

Wie?

Bevor es Elektro-Geräte gab, war man auch schon in der Lage, feine Dinge zu backen. Zum Beispiel den Butter schaumig rühren hieß, den weichen Butter mit einem Kochlöffel so lange rühren, bis er weiß und schaumig ist. Das Eiweiß mußte je nach Rezept bis zu einer halben Stunde zu Schnee geschlagen werden.

Zeamat-Steara *Zimt-Sterne*
Der Butter *Butter ist im Dialekt maskulin*

Weihnachtlich geschmücktes Gasthaus

Anis-Bredla

150 g Zucker
150 g Mehl
2 Eier
1 Eßlöffel Anis

Den Zucker zu den Eiern geben und mit dem Schneebesen eine halbe Stunde rühren, dann Anis und zum Schluß das Mehl untermengen.
Mit einem Eßlöffel setzt man kleine Portionen auf ein mit Schweineschmalz gefettetes Backblech.
Mindestens drei Stunden oder auch über Nacht trocknen lassen und bei schwacher Hitze ausbacken.

Bredla aus Haferflocken oder Gerste

2 Tassen Haferflocken oder Gerste
2 Tassen Mehl
eine Tasse Zucker
1 Tasse Milch
1 Ei,
1 Eßlöffel Butter,
Prise Salz
Prise Hirschhornsalz

Haferflocken oder Gerste in der Kaffeemühle mahlen und anschließend sieben. Butter schaumig rühren. Alle anderen Zutaten gut untermengen. Den Teig auswellen. Mit einem Glas oder Förmchen Bredla ausstechen. Auf ein mit Schweineschmalz gefettetes Blech setzen und langsam ausbacken.

Krippe unter einem Weihnachtsbaum

Ausstachrla

1 Pfd. Mehl
200 g Zucker
(oder die Hälfte
davon Kunsthonig)
100 g Butter
2 Eier
4 - 6 Eßlöffel Milch
Vanille oder
Zitronenschale
(unbehandelt)

Honig in der Wärme weich werden lassen.
Den Butter schaumig rühren, Zucker, Eier und Honig dazugeben, dann das Gewürz, die Milch und zuletzt das Mehl. Zu einem Teig verarbeiten. Auf dem Nudelbrett auswellen. Stearala, Gleckla ond Vegala oder sonstige Förmchen ausstechen und auf ein mit Schmalz bestrichenes Blech setzen.
Als Auge der Vegala hat man früher gern noch Buachala vorsichtig auf den Teig gedrückt.
Zum Schluß die Ausstachrla mit Ei oder Milch bestreichen, eventuell auch noch mit Hagelzukker bestreuen und zu kräftig gelber Farbe ausbacken.

Ausstachrla
mit einer Form ausgestochenes Weihnachtsgebäck

Der Butter
im Dialekt ist Butter maskulin

Stearala *Sternchen*

Gleckla *Glöckchen*

Vegala *Vögelchen*

Buachala
Buchecker

Spätestens am zweiten Feiertag holte man die Pferde raus zum Schlittenfahren

Haferflockabredla

$^1/_2$ Pfd. Haferflocken
$^1/_2$ Pfd. Staubzucker
4 Eiweiß
Vanille oder Saft
einer Viertel Zitrone

Die Haferflocken in einer Pfanne mit Schweineschmalz hellgelb anrösten. Den Staubzucker sieben.
Die Eiweiß zu Schnee schlagen, dann mit dem Zucker etwa eine halbe Stunde dick und schaumig rühren. Vanille unterrühren.
Die gerösteten Haferflocken zu der Masse geben und gut vermischen, jedoch kaum kneten.
Mit einem Löffel nimmt man kleine Mengen ab und setzt sie als Häufchen auf ein mit Schmalz bestrichenes Blech. Bei mäßiger Hitze ausbacken.

Nuß-Bredla

$^1/_2$ Pfd. Haselnüsse
$^1/_2$ Pfd. Staubzucker
4 Eiweiß
Vanille oder Saft einer Viertel Zitrone

Die Haselnüsse mahlen. Den Staubzucker sieben. Die Eiweiß zu Schnee schlagen, dann mit dem Zucker etwa eine halbe Stunde dick und schaumig rühren. Vanille unterrühren. Eine halbe Tasse dieser Masse auf die Seite stellen (Glasur). Die geriebenen Nüsse zu der Hauptmasse geben und gut vermischen, jedoch kaum kneten.
Mit einem Löffel nimmt man kleine Mengen ab und setzt sie als runde Häufchen auf ein mit Schweineschmalz gefettetes Blech. Nun bringt man die Glasur auf. Zum Schluß drückt man in die Mitte der Makronen (so nennt man Bredla aus Ölsamen) vorsichtig jeweils eine ganze Haselnuß. Bei mäßiger Hitze ausbacken.

Sprengrla

1 Pfd. Mehl
1 Pfd. Zucker
4 Eier
Messerspitze Hirschhornsalz
1-2 EL Anis

Zucker und Eier sehr schaumig rühren, etwa eine Stunde lang. Dann Hirschhornsalz und nach und nach das Mehl dazugeben.
Den Teig auf dem Nudelbrett gut durchwirken und danach eine Weile kaltstellen. Kleine Portionen Teig auswellen. Mit dem Model die Muster aufbringen und die einzelnen Sprengrla ausschneiden.
Auf ein mit Schweineschmalz bestrichenes und mit Anis bestreutes Backblech setzen und über Nacht abtrocknen lassen. Am nächsten Tag den Boden der Sprengrla leicht mit Wasser bestreichen und im mäßig warmen Ofen zu ganz heller Farbe backen.
In der Blechdose 2-3 Wochen weich werden lassen.

Bärentatzen

1 Schogglaaddaafl
$^1/_2$ Pfd Staubzucker
300 g Mandeln
3 Eiweiß
$^1/_2$ Zitrone
Zimt

Die Mandeln mit der Schale vermahlen. Den Schogglaad reiben. Den Saft einer halben Zitrone auspressen. Den Zucker sieben.
Die Eiweiß zu Schnee schlagen. Schokolade, Zucker, Zitronensaft dazugeben und vermischen. Zum Schluß die Mandeln untermengen. Dann nimmt man kleine Portionen ab, formt sie zu Kugeln und wendet sie in Zucker. Diese Kugeln drückt man nun in eine Tatzen- oder auch Muschelform. Die Tatzen auf ein mit Schmalz gefettetes Blech setzen und bei schwacher Hitze backen.

Schogglaaddaafl
Schokoladentafel
Der Schogglaad
Schokolade ist
im Dialekt maskulin

Zemat-Steara

$^{1}/_{2}$ Pfd Mandeln
300 g Staubzucker
4 Eiweiß,
$^{1}/_{2}$ Zitrone
7g Zimt

Zemat-Steara
Zimt-Sterne

Die Mandeln mit der Schale reiben. Den Saft einer halben Zitrone auspressen.Eiweiß zu Schnee schlagen, dann mit dem gesiebten Staubzucker gut verrühren. Eine Tasse davon auf die Seite stellen (Glasur). Übrige Zutaten zu der Hauptmasse geben und vermengen, jedoch kaum kneten. Den Teig auswellen, Sterne ausstechen und auf ein gefettetes Backblech setzen. Etwas abtrocknen lassen, dann mit der Glasur bestreichen und zu schöner Farbe ausbacken.

Vanill-Bredla

3 Eier
$^{1}/_{2}$ Pfd Mehl
$^{1}/_{2}$ Pfd Zucker
Vanille

Eigelb und Eiweiß trennen, letztere zu Schnee schlagen. Eigelb und Zucker einrühren, bis es eine gleichmäßige dicke Masse ist. Mehl und Vanille dazugeben und verrühren. Mit der Löffelspitze nimmt man kleine Portionen und setzt sie als Häufchen auf ein gefettetes Blech. Abtrokknen lassen und bei mäßiger Hitze backen.

Spritzgebackenes

$^1/_2$ Pfd Mehl
$^1/_4$ Pfd Zucker
$^1/_4$ Pfd Butter
1 Ei
60 g Mandeln
Vanille

Die Mandeln abziehen und mahlen.
Den Butter schaumig rühren. Mit dem Ei vermengen. Zucker und Mehl dazugeben, Vanille und Mandeln gleichmäßig verteilen und den Teig zusammenkneten. Den Teig etwas ruhen lassen.
Mit einer Backspritze kann man nun beliebige Formen auf ein zuvor mit Schmalz bestrichenes Blech spritzen - zum Beispiel Rengla, Stäbla oder Buchstaben aus einem Stück und ohne Ecken wie U und S.
Zu schöner Farbe ausbacken.

Der Butter
Im Dialekt ist Butter maskulin
Rengla *Ringchen*
Stäbla *Stäbchen*

Erst Spritzgebackenes, dann Makronen

Aus Hagebutten macht man Hägamark

Spitzbuaba

150g Mehl
100g Butter
75g Zucker
Vanille
Gsälz oder Hägamark

Mehl, Butter, Zucker und Vanillemark zu einem Teig verkneten. Ausrollen und runde Formen ausstechen, z.B. mit einem kleinen Glas, wenn man keine Förmchen hat. Auf ein bestrichenes Blech setzen und zu schöner Farbe ausbacken. Nach dem Auskühlen die Hälfte der Formen umdrehen. Diese Unterseiten mit Gsälz oder Hägamark bestreichen. Übrig gebliebene Deckel darauf setzen, Unterseite gegen Unterseite.

Gsälz	*Marmelade*
Hägamark	*Hagebutten-Marmelade*

Lebkuchen mit Kunsthonig und Haferflocken

1 bis $^{5}/_{4}$ Pfd Kunsthonig oder Sirup
$^{3}/_{4}$ Pfd Haferflocken
1 Pfd Mehl
1 Eßlöffel Zimt
1 Messerspitze Nelken
Schale einer Zitrone
50 g feingeschnittenes Zitronat oder Pomeranzenschale
2 Messerspitzen Natron
10 g Hirschhornsalz (wenn es körnig ist, in lauwarmem Wasser auflösen)

Alle Zutaten bis auf das Mehl miteinander verrühren. Zum Schluß das Mehl hineinwirken. Den Teig einige Stunden stehen lassen.
Wenn man möchte, kann man die Lebkuchen gleich, wenn sie aus dem Ofen kommen, mit starkem, warmem Zuckerwasser bestreichen.
Statt des Zitronats oder der Pomeranzenschale kann man auch 1 Eßlöffel Anis als Gewürz dazunehmen.

Lebkuchen mit Kunsthonig

1 Pfd Mehl
1 Pfd Kunsthonig
eingezuckerte Zitronenschalen nach Belieben
10 g Zimt
2 g Nelken
wenig Bittermandelextrakt
6 g Hirschhornsalz

Den Kunsthonig in der Wärme weich werden lassen. Das Mehl sieben.
In den Kunsthonig das Gewürz, das Mehl und das Hirschhornsalz einrühren. Wenn der Teig nicht fest genug ist, um einen Lebkuchen zu formen, noch etwas Mehl dazugeben.
Den Teig fingerdick auswellen und die Lebkuchen schneiden. Auf ein bestrichenes Blech setzen und backen.

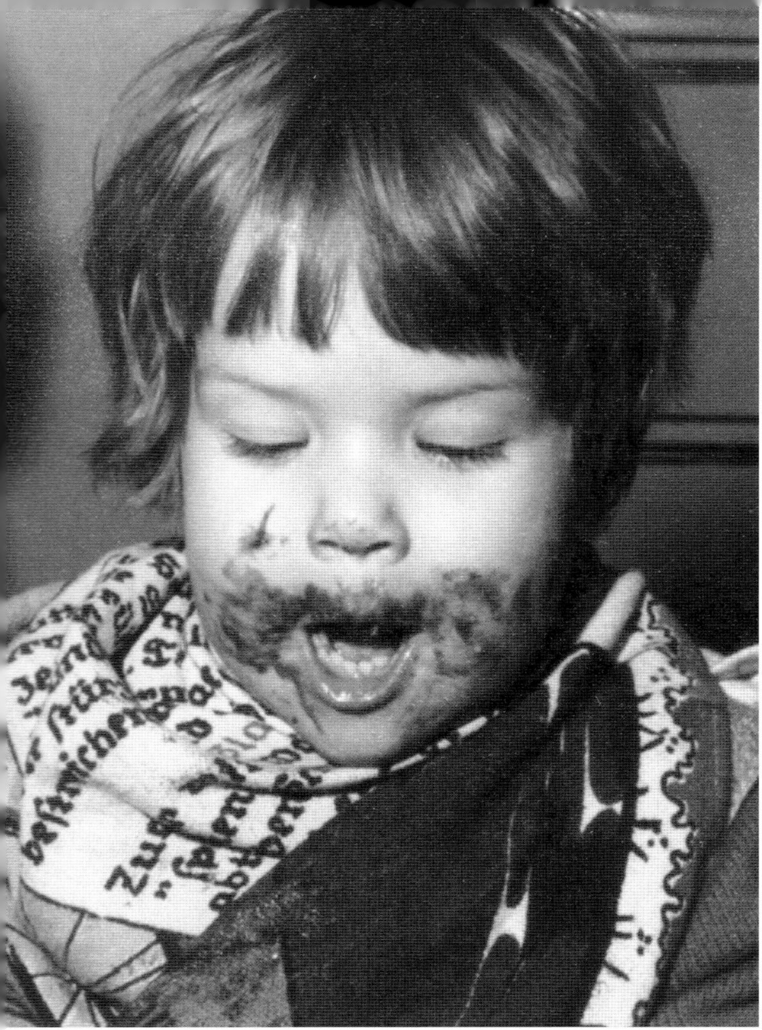

Backen ist doch eine Lust!

Glasuren - noch süßer, glänzend, farbig

Grad als arg bunt würde man insbesondere im Winter bei dichtem Flockentreiben und meterhohem Schnee viele Dörfer der Alb eher nicht bezeichnen - man denke nur an die mancherorts fast schwarzen Trachten, die oft recht schmucklosen Häuser, die schlichten Stuben mit ihrem einfachen Holz-Mobiliar und einem einfarbig gekachelten oder schwarzen, gußeisernen Ofen.

Wie leuchtete da der Christbaum und auf dem Tisch ein paar rotbackige Äpfel im Kerzenlicht! Bestimmt vermißte man in vielen Häusern nichts, wenn der Bredlesteller nicht sehr farbig war, aber süß und würzig duftete, und man nicht wußte, welches Bredle man zuerst probieren sollte - a Vanill-Bredle vielleicht oder doch zuerst a Ausstachrle. Und doch wollten sich manche Bredlesbäckerinnen damit noch nicht zufrieden geben und griffen in die Farbpaletten ihrer Küchen und Keller, was auch ganz ohne Chemie gar nicht so schwer ist.

Bredlesteller
Teller mit Weihnachtsplätzchen
Ausstachrle
mit Förmchen ausgestochene Weihnachtsplätzchen

Schönen Glanz bekommen Bredla und selbstverständlich auch der Zuggrgraaz, wenn man sie vor dem Backen mit Eigelb bestreicht. Darauf kann man dann außerdem zur Verzierung und Verfeinerung Hagelzucker oder gewiegte Mandeln streuen, die auf dem Eigelb gut kleben bleiben.

Mit einer Glasur aus Zucker, Eiweiß und Zitronensaft kann man seine Bredla weiß wie Schnee überziehen. Rosa bis kräftig rot werden sie, wenn man der Glasur Fruchtsaft zugibt, und golden mit gebranntem Zucker. Sogar Grün kann man mit Spinatsaft herstellen, wobei das eine Geschmakksfrage sein dürfte. Sicher allseits beliebt, und gar nicht unbedingt wegen des Farbtons, ist jedoch das dunkel glänzende Braun einer Schokoladenglasur.

Erfreuliche Nebenwirkung der Glasuren - die Bredla erhalten durch die Zutaten noch einmal zusätzliche Süße und weitere, köstliche Aromen.

Zuggrgraaz *Hefezopf*
naalauft *herunterläuft*

Ein paar Tips vorneweg:

- Am einfachsten sind Glasuren mit Puderzucker, früher Staubzucker, herzustellen. Wichtig ist, daß man ihn immer zuerst fein siebt.

- Wer keinen Staubzucker zur Verfügung hatte, mußte trotzdem nicht aufs Glasieren verzichten. Man kann auch ganz normalen Zucker verwenden, früher auch Grießzucker genannt, allerdings muß man dann die Glasur kochen, damit sich die groben Zuckerkristalle auflösen.

- Man hat die Glasuren gern noch mit einem Löffel Arrak oder Maraschino aromatisiert.

- Die alten Rezepte enthalten nicht immer Angaben zu der Menge der Flüssigkeit - hier bedarf es des Gefühls für die richtige Konsistenz! Die Glasur soll nicht zu fest sein, aber auch nicht so flüssig, daß sie gleich vom Bredle naalauft, sondern einfach gut zu verstreichen.

- Man gibt die Glasur immer auf das ausgekühlte Gebäck.

- Wenn man keinen Backpinsel zur Verfügung hat, kann man die Glasur auch mit einem Messerrücken gleichmäßig aufstreichen.

- Die glasierten Bredla in der Wärme trocknen lassen.

Weiße Glasur

$^{1}/_{2}$ Pfd. gesiebter Staubzucker
Saft einer halben Zitrone
1 Eiweiß
mäßig warmes Wasser

Den Staubzucker mit dem Zitronensaft, dem Eiweiß und etwas Wasser so lange rühren, bis die Glasur glatt und weiß ist. Gebäck bestreichen, in der Wärme trocknen lassen.

Weiße Glasur gekocht

$^{1}/_{2}$ Pfd. Zucker
$^{1}/_{4}$ l Wasser
Saft einer halben Zitrone

Den Zucker mit dem Wasser und dem Zitronensaft kochen und den Schaum abnehmen.
Kochen lassen, bis die Masse dick, jedoch nicht zäh wird. Dann vom Feuer nehmen und rühren, bis sie anfängt weiß zu werden - gleich aufs Gebäck geben und in der Wärme trocknen lassen.
Wenn die Glasur zu schnell kalt wird, noch mal aufwärmen und dabei rühren.
Vor dem Auftragen kann man noch einen Löffel Arrak oder Maraschino einrühren.

Weiße Schaumglasur

$^1/_2$ Pfd. Staubzucker
eine halbe Zitrone
2 Eiweiß

Den Staubzucker sieben. Die halbe Zitrone auspressen.
Zucker, Zitronensaft und Eiweiß eine viertel bis halbe Stunde sehr fein verrühren. Gebäck bestreichen, in der Wärme trocknen lassen.

Rote Glasur

$^1/_2$ Pfd. Staubzucker
roter Fruchtsaft
(us Himbeer,
Preschdleng, Raude
Dreibla oder Kischa)

Den Staubzucker sieben. Etwas Fruchtsaft dazugeben und lauwarm machen. Verrühren bis es eine gleichmäßige Masse ist. Gebäck bestreichen, in der Wärme trocknen lassen.

us Himbeer, Preschdleng, Raude Dreibla oder Kischa	*aus Himbeeren, Erdbeeren, roten Johannisbeeren, oder Kirschen*

Goldene Glasur

$^1/_4$ Pfd. Kristallzucker
$^1/_4$ l warmes Wasser

Den Zucker in einem eisernen Pfännchen aufs Feuer stellen und rühren, bis er sich bräunt. Wenn er schäumt, kurz hell und wieder dunkel wird, löscht man mit einem $^1/_4$ l warmem Wasser ab und kocht die Masse, bis sie leicht dick wird.
Damit kann man nun die weißen Glasuren goldgelb färben. Gebäck bestreichen, in der Wärme trocknen lassen.

Lebkuchen-Glasur

$^1/_4$ Pfd. Staubzucker
ein paar Eßlöffel Rosenwasser

Zucker sieben, mit dem Rosenwasser glatt rühren und lauwarm machen. Gebäck bestreichen, in der Wärme trocknen lassen.
Man kann für Lebkuchen je nach Belieben aber auch andere Glasuren nehmen.

Schokoladenglasur ungekocht

200 g Staubzucker
1-2 EL Kakao
1 Eiweiß
einige EL Wasser

Den Staubzucker sieben. Dann mit dem Kakao und dem Eiweiß gut verrühren, das nötige Wasser dazugeben. Lauwarm machen. Gebäck bestreichen, in der Wärme trocknen lassen.

Schokoladenglasur gekocht

$^{1}/_{4}$ Pfd. Schokolade
$^{1}/_{4}$ Pfd. Zucker
etwas Wasser

Den Schogglaad mit etwas Wasser erhitzen, bis er flüssig ist. Den Zucker und eventuell noch etwas Wasser einrühren. Auf dem Feuer lassen, bis die Masse zwischen den Fingern einen kleinen Faden zieht. Vom Feuer nehmen und rühren bis sich eine dünne Haut zu bilden beginnt. Die Glasur aufstreichen. Wenn die Glasur zu hart wird, noch mal erwärmen.
Gebäck in der Wärme trocknen lassen.

Schogglaad
Schokolade
Der Butter
Im Dialekt ist Butter und Schokolade maskulin

Bredla waren sicher das I-Tüpfelchen der Weihnachtsbäckerei, aber man konnte sie nicht in rauhen Mengen herstellen. Nicht umsonst lagerte man sie bis Heiligabend so, daß niemand Zugriff hatte. Aber wenn der Bredlesdällr dann auf dem Tisch stand, war er auch schnell leer gegessen.

Zum Weihnachtsgebäck zählten deshalb früher unbedingt auch ein Zuggrgraaz und eventuell ein Hutzlabrot.

Bredla
Weihnachtsgebäck
Bredlesdällr
Teller mit Weihnachtsplätzchen
Zuggrgraaz *Hefezopf*
Hutzlabrot
Früchtebrot

Hutzlabrot

5 Pfd. weißes Mehl
2 Pfd. Hutzla
2 Pfd. gedörrte Zwetschgen
1/2 Pfd. Zibeben
1/4 Pfd. Zucker
30 g Zimt
10 bis 15 g Anis
5 gemahlene Nelken
1/4 Pfd. Hefe
Schweineschmalz zum Einfetten des Blechs

Hutzla und Zwetschgen in wenig gezuckertem Wasser kochen, bis sie weich sind. Die Schnitzbrühe in eine Schüssel abgießen. Die weichen Zwetschgen aussteinen, danach ebenso wie die Hutzla grob zerkleinern. Zibeben waschen, auslesen und kurz in Wasser aufkochen.
Eine Mulde in das Mehl machen. Hefe, etwas warme Schnitzbrühe und wenig Mehl zu einem Vorteig vermischen und ihn gehen lassen. Danach die Zutaten beigeben, nach und nach auch die Schnitzbrühe und alles gut durchkneten, bis man einen schönen Teig hat. Den muß man wieder gehen lassen.
Danach formt man die Laibe. Auf einem mit Schweineschmalz bestrichenen Blech läßt man sie noch mal gehen. Hutzlabrot wird wie Schwarzbrot bei guter Hitze gebacken. Wenn es aus dem Ofen kommt, bestreicht man es sofort mit Schnitzbrühe, was einen schönen Glanz gibt.

Zuggrgraaz

1 1/2 Pfd. weißes Mehl
1 Würfel Hefe,
1/4 Liter Milch
1 Ei
5 EL Schweine-schmalz
5 EL Zucker,
vielleicht eine Hand voll Zibeben
etwas Hagelzucker

Zuggrgraaz
Hefezopf
Der Butter
Im Dialekt ist Butter maskulin

Für einen Zuggrgraaz hat man nicht etliche Eier, sondern vielleicht nur eines genommen, selbstverständlich keinen Butter, sondern Schweineschmalz, Mandelstiften oder -blättchen hätte, man kaufen müssen, kamen also wenig in Frage. Gern streute man, wenn möglich, allerdings etwas Hagelzucker auf den Graaz. Dadurch reißt der Zopf auf, was beabsichtigt ist.

Man macht eine Mulde in das Mehl und vermischt Hefe, etwas lauwarme Milch und etwas Mehl zu einem Vorteig. Wenn dieser gegangen ist, gibt man das Ei, das zerlassene Schweineschmalz, noch so viel lauwarme Milch wie nötig und den Zucker dazu. Wer hat und mag, kann noch eine Handvoll Zibeben dazu geben. Nun vermengt man alles zu einem schönen Teig.

Ist der Teig gegangen, teilt man ihn in drei gleiche Teile. Daraus formt man Stränge. Auf einem bemehlten Brett flicht man sie zu einem Kranz. In einem mit Schmalz gefetteten Blech läßt man ihn noch mal gehen. Zum Schluß bestreut man ihn mit Hagelzucker.
Manchmal passiert es, daß der Graaz sicher noch nicht fertig ist, aber droht, oben dunkel zu werden. In diesem Fall hat man ihn früher mit Zeitungspapier abgedeckt.

Kaffee

Bei den Getränken freute man sich an Weihnachten, daß es vielleicht ausnahmsweise einmal Bohnenkaffe, wenigstens zum Teil, gab. Ansonsten hieß es oft, was ischd au dees fr a Schnitzbriah?! Gemeint war ein Kaffee ohne jegliche Bohne, der die gleiche Farbe wie das Wasser der gekochten Hutzla aufwies und im Geschmack mit Kaffee eher weniger zu tun hatte.

Man bezeichnete solchen Kaffee-Ersatz auch als Muggafugg, was sich vom französischen Mokka fault, falscher Mokka ableitet, Herstellen konnte man sich Kaffee-Ersatz auf verschiedene Weise.

was ischd au dees fr a Schnitzbriah?

Was ist das für eine Schnitzbrühe?

Muggafugg

minderwertiger Kaffee

Auf einen Liter Wasser nimmt man etwa 20 bis 30 Gramm gerösteten und gemahlenen Gersten- oder Malzkaffee, ein kleines Stück Zichorie oder auch einen Esslöffel sogenannten Blümchenkaffee. Eine weitere Variante war der Eichel-Kaffee. Man befreit dazu reife Eicheln von der äußeren Schale und schneidet den Kern in vier Teile. Die Kernteile wässert man einen ganzen Tag oder über Nacht in kaltem Wasser, was den scharfen Geschmack mindert. Dann dörrt man sie im Ofen. Erst direkt vor dem Gebrauch röstet und mahlt man sie. Man rechnet einen Eßlöffel von diesem Eichelpulver für einen Liter Wasser. Als Kaffeegewürz verwendet man außerdem auch geröstete, gelbe Erbsen, eine pro Tasse.

Eicheln

Welcher „Kaffee" es nun auch war - man setzte seine Zutaten mit kaltem Wasser auf und ließ sie kurz sieden. Dann ließ man sie entweder setzen und goß danach sofort ab. Oder man brühte an und ließ den Kaffee fünf bis zehn Minuten ziehen.
Auch Kindern hat man solche Getränke geben - für sie rechnete man gern die Hälfte Pulver. Mit Milch und, wenn vorhanden, Zucker konnte man den Kaffee mischen.

Manchen führte d´ Mooschdrois auch ins Wirtshaus

D' Mooschdrois

Ein weiterer, insbesondere für die Männer, nicht unwesentlicher kulinarischer Höhepunkt der Weihnachtszeit war der neue Most, dessen erstes Fässle jetzt endlich und unter Hochspannung angestochen werden durfte. Wenn man Pech gehabt oder nicht gehaushaltet hatte, war der alte Most schon eine ganze Weile ausgetrunken und man saß auf dem Trockenen. Wer a Geld em Sack hatte, konnte sich in den örtlichen, kleinen Brauereien Bier kaufen. Ansonsten mußte man sich in der mostlosen Zeit mit Wasser und Muggafugg zufrieden geben.

Jedenfalls war es der Hausherr selbst, der vielleicht am Morgen des Heiligabend mit einer Fonzl in den Keller hinabstieg und sich den allerersten Krug seines neuen Jahrgangs mit dem frischen Wein aus Äpfeln und Birnen füllte.

D´ Mooschdrois *die Mostreise*
Fässle *kleines Faß*
a Geld em Sack *Geld im Geldbeutel*
Muggafugg *minderwertiger Kaffee*
Fonzl *Lampe*

Sanft rollt der Most über die Zunge, die Augen glänzen. Vielleicht ruft man noch den Sohn oder den Vater, damit auch sie den neuen Most probieren könnten. Meistens ist man hochzufrieden. Man hat sich ja schließlich auch viel Mühe gegeben und weiß seit alters her, was man tun muß, damit es einen guten und angenehm frisch schmeckenden Most gibt.

Nach Heiligabend besucht man dann alle Verwandten reihum, und alle machen auch einen Gegenbesuch. Der Christbaum wird begutachtet, überall werden die Bredla probiert, die trotz der spärlichen Zutaten doch in jedem Haus wieder ganz anders schmecken und aussehen. Und niemand läßt es sich nehmen, stolz einen Krug seines frischen Mostes auf den Tisch zu stellen. Dieser „Champagner der Alb“, ob das nun Spott oder Bewunderung ist, wird von den Gästen sachkundig und ausgiebig gekostet - und natürlich hälanga mit dem eigenen verglichen, der hoffentlich doch der bessere ist.

Zwischen den Jahren, so heißt es, sind die Älbler auf „Mostreise“.

Bredla *Weihnachtsplätzchen*
hälanga *heimlich*